ဆိုင်ကလုန်းမုန်တိုင်းများ

ရေးသားသူ – အေးမြင့်မြတ်ခိုင်

သရုပ်ဖော် – အေးမြင့်မြတ်ခိုင်

Library For All Ltd.

J

သမုဒ္ဒရာပေါ်မှာ လေမုန်တိုင်းကြီးတစ်ခုက ဘီးတစ်ဘီးလို လည်ပတ်နေတယ်လို့ မြင်ယောင် ကြည့်လိုက်ပါ။ အဲ့ဒါက ဆိုင်ကလုန်းမုန်တိုင်းပါ။ ဆိုင်ကလုန်းမုန်တိုင်းဆိုတာ လေပြင်း တွေ၊ သည်းထန်တဲ့ မိုးတွေ၊ လှိုင်းလုံးကြီးတွေကို ဖြစ်ပွား စေတဲ့ မုန်တိုင်း အကြီးစား ဖြစ်ပါတယ်။ ဆိုင်ကလုန်းမုန်တိုင်းရဲ့ အလယ်ဗဟိုမှာ တည်ငြိမ်တဲ့ မုန်တိုင်းမျက်စိ ရှိပါတယ်။

၃

မြန်မာပြည်မှာ အဖြစ်အများဆုံးက 'အပူပိုင်း
ဆိုင်ကလုန်းမုန်တိုင်း' ဖြစ်ပါတယ်။ ရခိုင် ပြည်နယ်နှင့်
ဧရာဝတီတိုင်းတို့လို ကမ်းရိုးတမ်းဒေသတွေနဲ့ နီးတဲ့
ကျေးရွာတွေဟာ ဆိုင်ကလုန်းမုန်တိုင်းအန္တရာယ် အများဆုံး
ကြုံတွေ့ရနိုင်တဲ့ ဒေသတွေဖြစ်ပါတယ်။

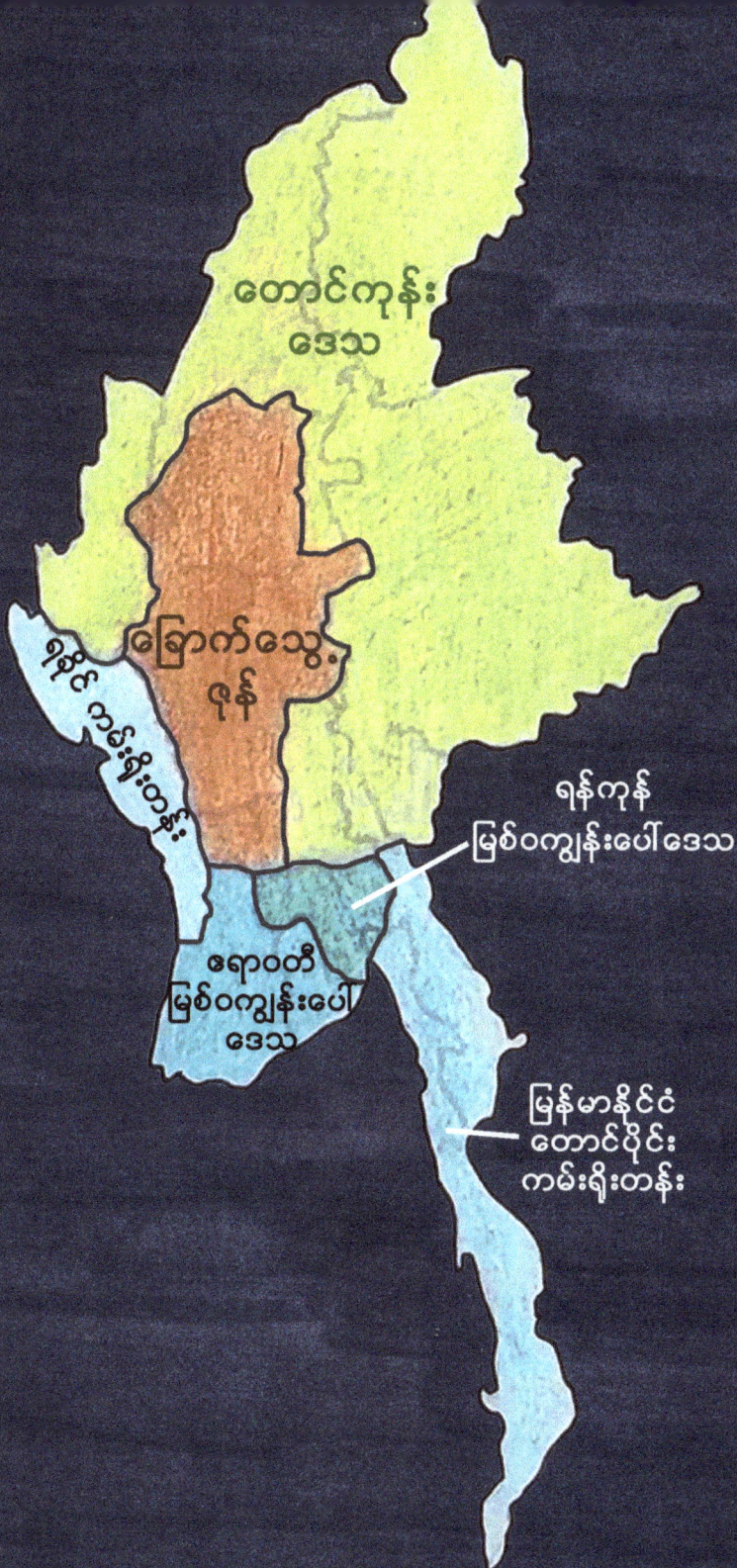

တောင်ကုန်း
ဒေသ

ရခိုင်ကမ်းရိုးတန်း

ခြောက်သွေ့
ဇုန်

ရန်ကုန်
မြစ်ဝကျွန်းပေါ်ဒေသ

ဧရာဝတီ
မြစ်ဝကျွန်းပေါ်
ဒေသ

မြန်မာနိုင်ငံ
တောင်ပိုင်း
ကမ်းရိုးတန်း

၅

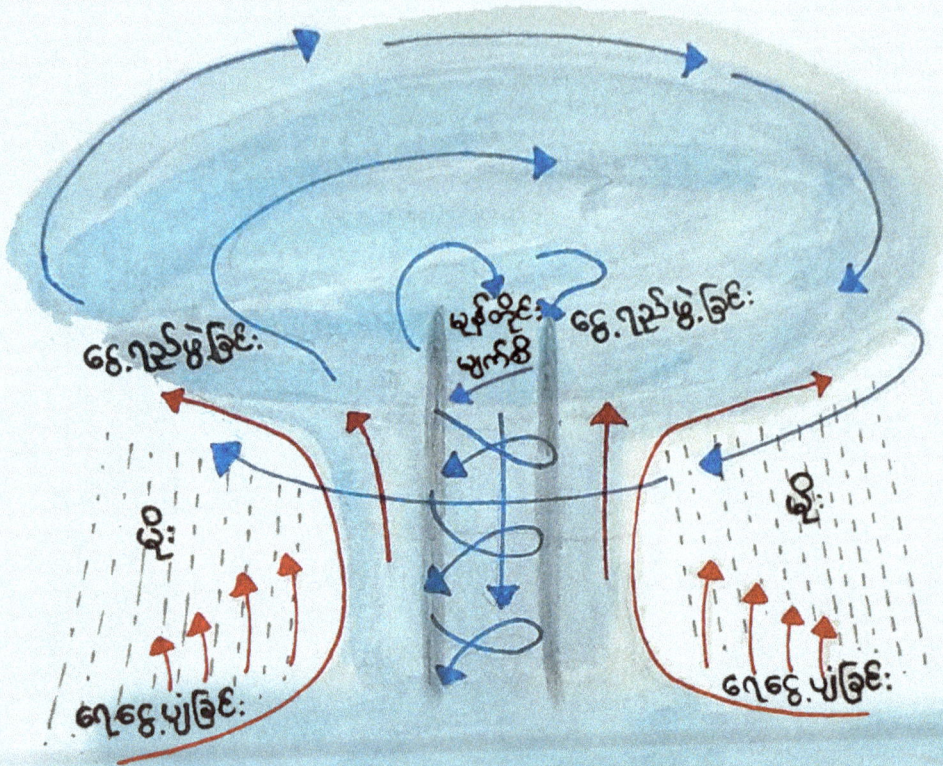

လေပူ

လေအေး

ငွေ့ရည်ဖွဲ့ခြင်း

မုန်တိုင်းမျက်စိ

ငွေ့ရည်ဖွဲ့ခြင်း

မိုး

မိုး

ရေငွေ့ပျံခြင်း

ရေငွေ့ပျံခြင်း

၆

ဆိုင်ကလုန်းမုန်တိုင်းတွေဟာ ပူနွေးတဲ့ သမုဒ္ဒရာရေကနေ စတင်ဖြစ်ပေါ်ပါတယ်။ ရေကနေ စွမ်းအင်တွေ ပိုမိုရရှိလာတဲ့အခါ ဆိုင်ကလုန်းက ပိုမိုကြီးထွားပြီး ပြင်းထန်လာပါတယ်။ ဆိုင်ကလုန်းမုန်တိုင်းက မြေပြင်သို့ ဝင်ရောက်တိုက်ခတ်တဲ့အခါ အိမ်တွေ၊ သစ်ပင်တွေနဲ့ ရွာတစ်ရွာလုံးကိုတောင် ဖျက်ဆီးပစ်နိုင်ပါတယ်။

မြန်မာ့ပင်လယ်ကမ်းရိုးတန်းနားမှာ သင်နေထိုင်ပါက ဆိုင်ကလုန်းမုန်တိုင်း တိုက်ခတ်တဲ့အခါ ဘယ်လိုလုံခြုံစွာ နေထိုင်ရမယ်ဆိုတာကို သိထားဖို့ အရေးကြီးပါတယ်။ ပထမဆုံး ရေဒီယို ဒါမှမဟုတ် တီဗီမှာ ဆိုင်ကလုန်းမုန်တိုင်း အကြောင်း သတင်းများကို နားစွင့်နေပါ။ ဆိုင်ကလုန်းမုန်တိုင်း သတိပေးချက်တွေ ကြားသိရပါက စတင်ပြင်ဆင်ပါ။

ဆိုင်ကလုန်း

AYE

၁၀

ဒုတိယအနေနဲ့ အိမ်နှင့်ခြံကို လုံခြုံအောင် ပြင်ဆင်ပါ။
တံခါးတွေ၊ ပြတင်းပေါက်တွေကို ပိတ်ထားပြီး
ဆိုင်ကလုန်းမုန်တိုင်း တိုက်နေချိန်မှာ အဲဒီအရာတွေနဲ့ဝေးရာမှာ
နေပါ။ စက်ဘီးလို ပစ္စည်းမျိုးတွေကို အိမ်ထဲကို ထည့်ပါ။
ဆိုင်ကလုန်းမုန်တိုင်း တိုက်နေချိန်မှာ လေထဲ လွင့်ပါနေတဲ့
အရာတွေက အန္တရာယ်ရှိနိုင်ပါတယ်။

တတိယအနေနဲ့ လုံခြုံတဲ့ အခန်း ဒါမှမဟုတ် ကြံ့ခိုင်တဲ့စားပွဲခုံအောက်လို ပုန်းခိုဖို့ ခိုင်ခံ့တဲ့နေရာ တစ်ခုကို ရှာထားပါ။ သင့်အိမ်က ခိုင်ခံ့မှု အလုံအလောက်မရှိပါက ဘေးလွတ်ရာသို့ ရွှေ့ပြောင်း တိမ်းရှောင်ရန် လိုအပ်ပါတယ်။

နောက်ဆုံးအနေနဲ့ အရေးပေါ် ပစ္စည်းတွေကို ထုပ်ပိုးထားပါ။ ဆိုင်ကလုန်းမုန်တိုင်းကြောင့် ရေနဲ့မီး ပြတ်တောက်နိုင်ပါတယ်။ ရေဒီယို၊ ရေ၊ စည်သွတ်အစားအစာ၊ ဓာတ်မီးနှင့် ဘက်ထရီလို ပစ္စည်းတွေကို ထုပ်ပိုးပါ။

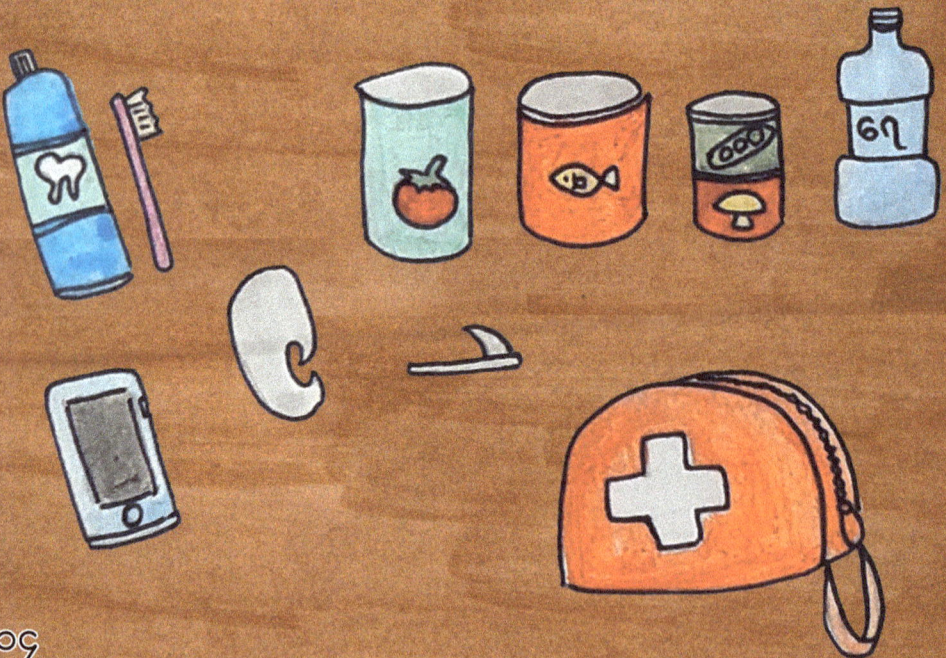

๑๕

ဆိုင်ကလုန်းမုန်တိုင်းတွေက ကြောက်စရာ
ကောင်းပေမယ့် ကြိုတင်ပြင်ဆင်ထားပါက
သင်နဲ့ သင့်မိသားစု ဘေးကင်းနိုင်ပါတယ်။

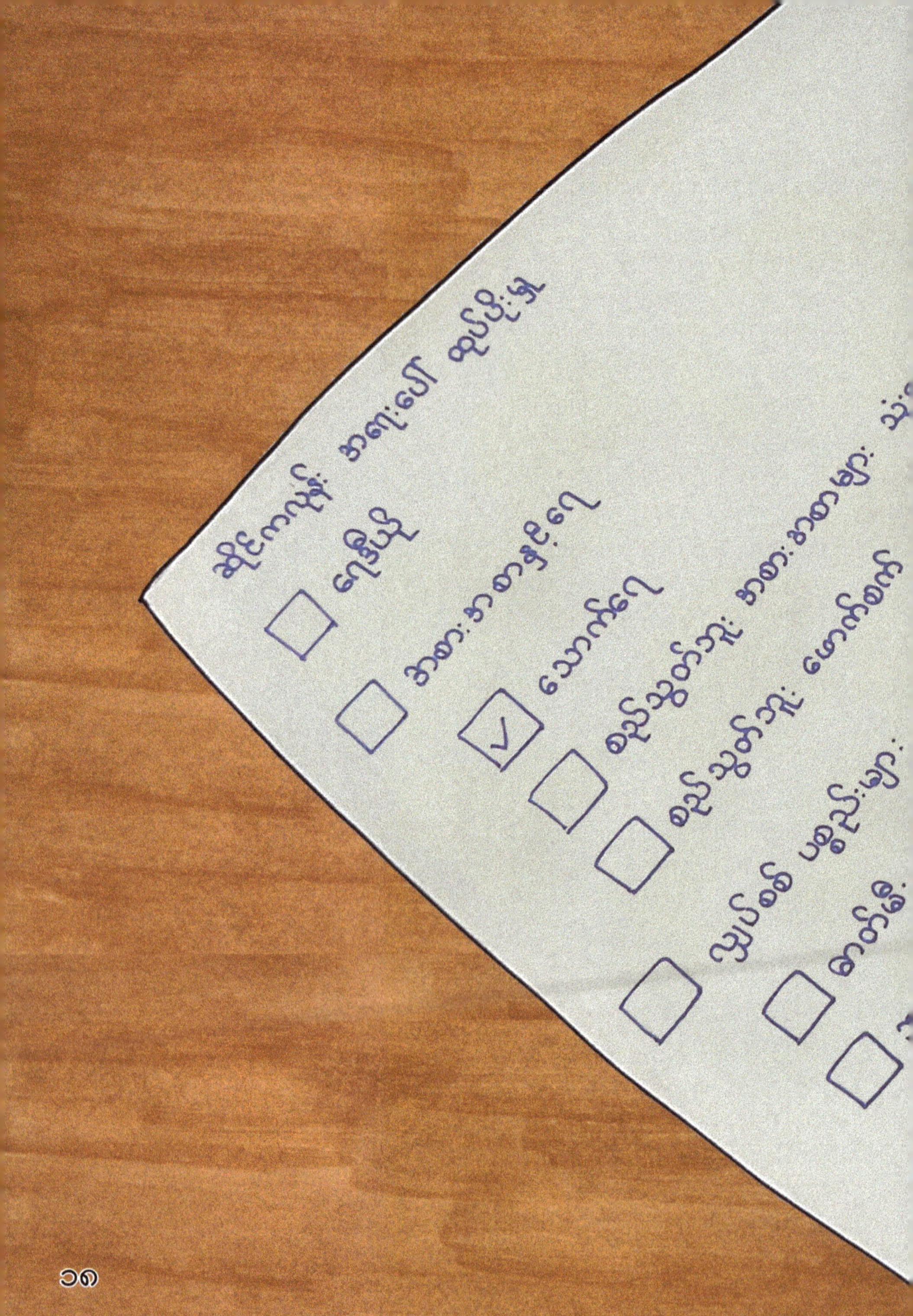

☐ ရှင်းပြ

☐ အကြောင်းအကြောင်း

☑ ရှင်းပြတော်

☐ ရှင်းပြစွမ်ဆောင်

☐ ရှင်းစွမ်ဆောင်

☐

☐

☐

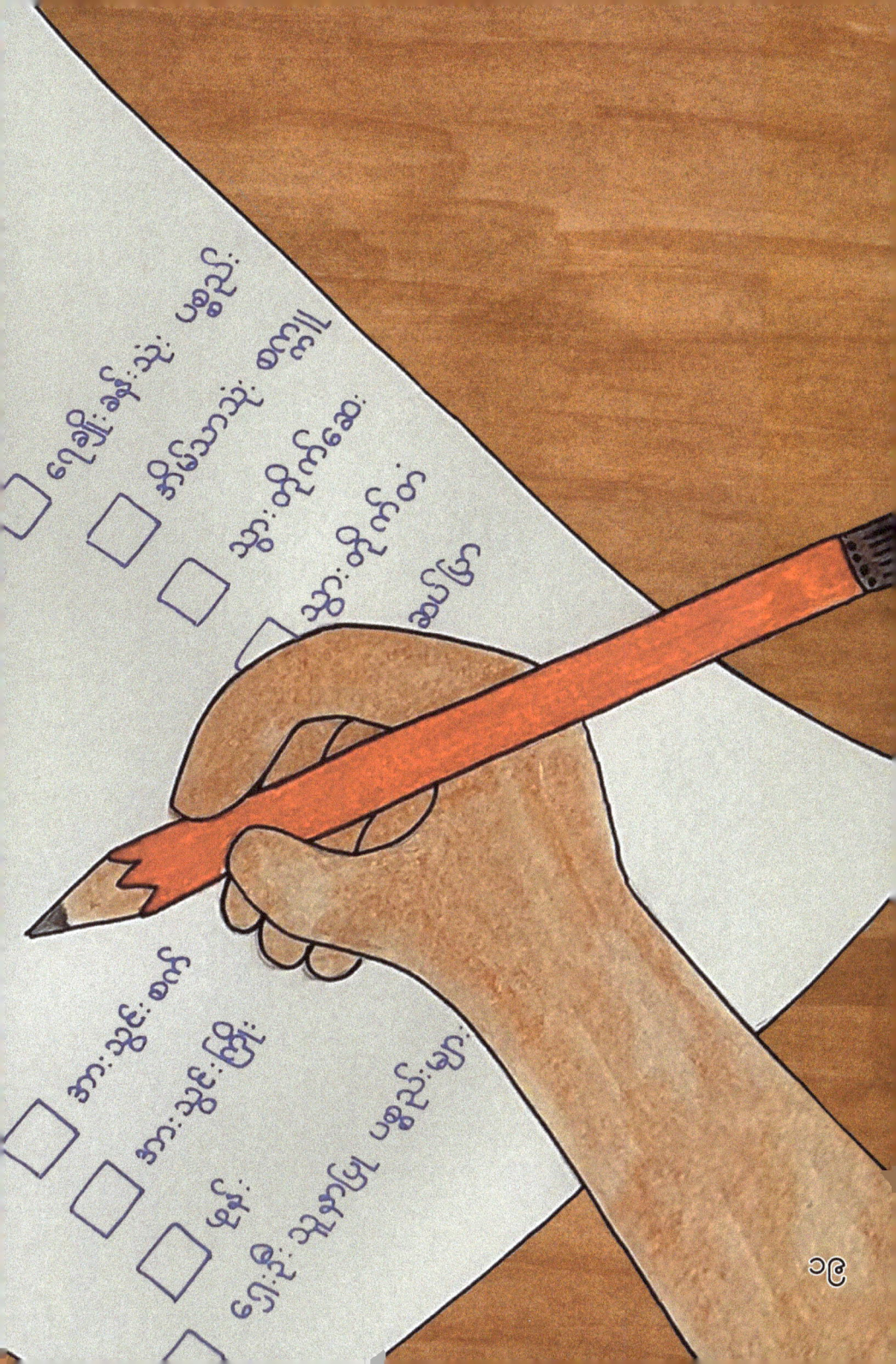

သင်၏ မိသားစုများ၊ မိတ်ဆွေများ၊ ဆရာများနှင့် ကျွန်စာအုပ်အကြောင်း ဆွေးနွေးပြောဆိုရာ၌ အောက်ပါမေးခွန်းများကို အသုံးပြုနိုင်သည်။

ဆိုင်ကလုန်းမုန်တိုင်းကို ဘယ်လိုဖော်ပြနိုင်မလဲ။

ဆိုင်ကလုန်းမုန်တိုင်း တိုက်ခတ်ချိန်အတွင်း ဘေးကင်းအောင် လုပ်သင့်တဲ့အရာနှစ်ခုကို ပြောပြပါ။

သင် ဆိုင်ကလုန်းမုန်တိုင်းတိုက်ခတ်တာကို ကြုံဖူးလား။ သင် ဘယ်လိုခံစားရလဲ။

အရေးပေါ်အခြေအနေတစ်ခုအတွင်း စိတ်တည်ငြိမ်အောင် ဘယ်လိုနည်းလမ်းတွေ သုံးလဲ။

ဝဲလိုလည်နေတဲ့ အင်အားပြင်း ဆိုင်ကလုန်းမုန်တိုင်းတစ်ခု ပုံဆွဲပြပါ။

ကျွန်ုပ်တို့၏ စာဖတ်သူအက်ပ်ကို ဒေါင်းလုဒ် ရယူလိုက်ပါ။

getlibraryforall.org

ပါဝင်ဆောင်ရွက်သူများအကြောင်း

Library For All သည် လူငယ်စာဖတ်သူများအတွက် ခြားနားသော၊ ဆီလျော်ပြီး အရည်အသွေးမြင့်သော ပုံပြင်ဇာတ်လမ်းများကို ဖန်တီးရန်အတွက် ကမ္ဘာတစ်ဝှမ်းမှ စာရေးဆရာများ၊ သရုပ်ဖော်သူများနှင့်အတူ ပူးပေါင်းဆောင်ရွက်ပါသည်။

စာရေးဆရာများ၏ အလုပ်ရုံဆွေးနွေးပွဲအစီအစဉ်များ၊ ပေးပို့မှုလမ်းညွှန်များနှင့် အခြားဖန်တီးမှုအခွင့်အလမ်းများအတွက် နောက်ဆုံးရသတင်းများ သိရှိနိုင်ရန် libraryforall.org သို့ ဝင်ရောက်ကြည့်ရှုနိုင်ပါသည်။

ဒီစာအုပ်က ဖတ်လို့ကောင်းလား။

ရွေးချယ်ဖတ်ရှုရန်အတွက် စနစ်တကျ ကောက်နုတ်စုစည်းထားသော မူရင်းပုံပြင် နောက်ထပ်ရာပေါင်းများစွာ ရှိပါသည်။

နေရာဒေသမရွေးရှိ ကလေးငယ်များ ပျော်ရွှင်ချမ်းမြေ့စွာ စာဖတ်နိုင်ရေးအတွက် စာရေးဆရာများ၊ ပညာသင်ကြားသူများ၊ ဝေလေ့ထုံးစံအကြံပေးများ၊ အစိုးရများနှင့် ပရဟိတအဖွဲ့အစည်းများနှင့် ကျွန်ုပ်တို့ ပူးပေါင်းဆောင်ရွက်ပါသည်။

မိတ်ဆွေ သိပါသလား။

ဤနယ်ပယ်တွင် ကမ္ဘာအန္တအကျိုးသက်ရောက်မှု ရှိစေရန်အတွက် ကုလသမဂ္ဂ၏ စဉ်ဆက်မပြတ် ဖွံ့ဖြိုးတိုးတက်ရေး ရည်မှန်းချက်ကို လက်ကိုင်ပြုပြီး ကျွန်ုပ်တို့ဖန်တီးဆောင်ရွက်ပါသည်။

သင်ဖတ်နေတဲ့စာအုပ်က အဆင့် ၃ ဖြစ်ပါတယ်။

သင်ယူသူ – အခြေခံ စာဖတ်သူ

စကားလုံးအတိုများ၊ ဖွဲ့ဖြိုးစေမည့်အတွေးအခေါ်၊ ရုပ်ပုံအများအပြားနှင့်တကွ သင်၏ စာဖတ်ခြင်းခရီးစဉ်ကို စတင်လိုက်ပါ။

အဆင့် ၁ – စတင်ဖွဲ့ဖြိုးအဆင့် စာဖတ်သူများ

စကားလုံးအသစ်များ၊ ရိုးရှင်းသော ဝါကျများ၊ စိတ်ဝင်စားဖွယ်ကောင်းသော ရုပ်ပုံများနှင့်အတူ သင်၏ စာဖတ်စွမ်းရည်အဆင့်ကို တိုးမြှင့်လိုက်ပါ။

အဆင့် ၂ – စိတ်ထက်သန်သော စာဖတ်သူများ

ရင်းနှီးသော စကားလုံးများဖြင့် တည်ဆောက်ခဲ့သော ဝါကျရောများနှင့်အတူ သင့်စာဖတ်ချိန်ကို ခံစားပျော်ရွှင်လိုက်ပါ။

အဆင့် ၃ – တိုးတက်လာသော စာဖတ်သူများ

ဉာဏ်မြှူးဖွယ် ပုံပြင်များ၊ အနည်းငယ်ခက်ခဲသော ဝေါဟာရများနှင့်အတူ သင့်စာဖတ်စွမ်းရည်ကို တိုးမြှင့်လိုက်ပါ။

အဆင့် ၄ – သွက်လက်သော စာဖတ်သူများ

မြှူးတူးဖွယ်ရာများ၊ စကားလုံးအသစ်များ၊ ပျော်ရွှင်ဖွယ် အကြောင်းချက်များနှင့်အတူ သင့်စာဖတ်စွမ်းရည်ကို ထပ်မံတိုးမြှင့်လိုက်ပါ။

အဆင့် ၅ – မြင်သိချင်စိတ်ရှိလာသော စာဖတ်သူများ

သိပုံနှင့် ပုံပြင်များမှတစ်ဆင့် သင်ဝန်းကျင်ကို စူးစမ်းရှာဖွေလိုက်ပါ။

အဆင့် ၆ – စွန့်စားခန်းဖွင့် စာဖတ်သူများ

သိပုံနှင့် ပုံပြင်များမှတစ်ဆင့် သင်ဝန်းကျင်ကို ရှာဖွေစူးစမ်းလိုက်ပါ။

www.ingramcontent.com/pod-product-compliance
Lightning Source LLC
Chambersburg PA
CBHW042346040426
42448CB00019B/3427